AF440215

LES SOCIALISTES

P.-J. PROUDHON

SA VIE & SON OEUVRE

PAR

BENJAMIN GASTINEAU

Ancien Collaborateur à *la Voix du Peuple* (1848-49)

AVEC LES

DISCOURS PRONONCÉS SUR LA TOMBE DE PROUDHON

Prix : 50 centimes

PARIS

E. DENTU, LIBRAIRE-ÉDITEUR

Palais-Royal, 17 et 19, galerie d'Orléans

1865

P.-J. PROUDHON

SA VIE ET SON ŒUVRE

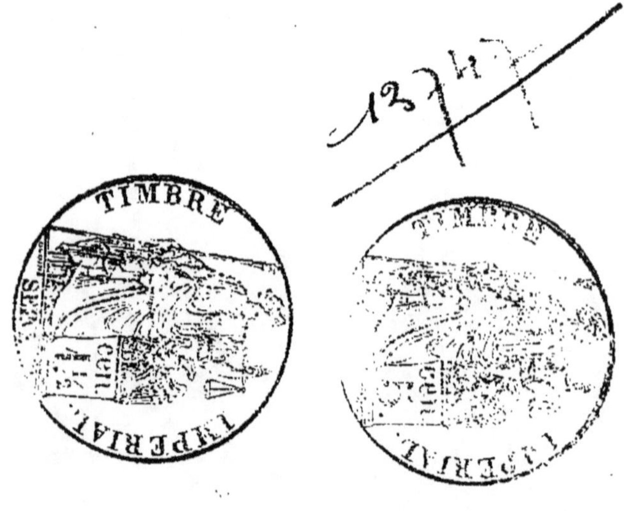

P.-J. PROUDHON

SA VIE & SON OEUVRE

PAR

BENJAMIN GASTINEAU

Ancien Collaborateur à *la Voix du Peuple* (1848-49)

AVEC LES

DISCOURS PRONONCÉS SUR LA TOMBE DE PROUDHON

Prix : 50 centimes

PARIS

E. DENTU, LIBRAIRE-ÉDITEUR

Palais-Royal, 17 et 19, galerie d'Orléans

1865

PIERRE-JOSEPH PROUDHON

SA VIE ET SON ŒUVRE

I

Avant de mourir, P.-J. Proudhon a enterré la vieille économie et la vieille synthèse politique ; il a meublé la cervelle populaire de saines doctrines et nourri de sa forte moelle deux générations. Il a ruiné en théorie la tyrannie séculaire du capital. N'est-ce pas là une existence bien remplie et digne d'envie ? Quel autre a prêté plus d'éloquence à la conscience et à la raison contre les infamies et les bassesses de son temps?

Avec sa fière devise: *En avant!* Proudhon ne se préoccupait ni des cadavres ni des ruines sur lesquels il marchait. C'était le grand démolisseur du dix-neuvième siècle: religion, capital, gouvernement, tout a passé au fil de son impitoyable dialectique. Malheureusement, dans l'ardeur de la lutte, il eut le malheur de Diomède, il blessa la divinité. Méprisant la politique en principe, et surtout la politique contemporaine, Proudhon qualifia sévèrement, trop sévèrement peut-être, les hommes politiques. Mais en 1848 ceux qui étaient au pouvoir ouvrirent le feu contre lui. Dépourvus, pour la plupart, d'idées, d'initiative, de ressort et d'élan, ils ne surent pas accueillir l'homme puissant qui venait deviner le sphinx, populariser les grandes idées de crédit gratuit, de mutuellisme, condamner la fausse richesse et faire jaillir les véritables sources de la

prospérité en enseignant comment une société doit s'administrer et se mouvoir dans
les différentes sphères de ses besoins et de
ses droits. Proudhon, sorti des rangs du
peuple, comprenait parfaitement en 1848 que
le peuple victorieux, avant toute satisfaction
politique, demandait une autre existence
matérielle, la fin de sa misère et de son prolétariat. Ce sentiment si juste, cette merveilleuse intuition des aspirations populaires,
lui fit nier ou dédaigner la puissance des
formes politiques. Il ne voyait la solution
possible du problème social que dans une
série de nouvelles lois économiques, dans
une mutuelle garantie des forces productrices, dans l'organisation du crédit gratuit
par la fondation de la Banque du peuple.

Débarrasser la société du parasitisme qui
la ronge et du prolétariat qui l'appauvrit, en
organisant le crédit gratuit, la commandite
du travail, d'où découle nécessairement la
suppression du capitaliste, du bancocrate,

de l'usurier, de l'oisif, de l'homme qui consomme sans produire ;

N'obéir qu'aux prescriptions de la conscience et de la raison, au principe de la justice, au sentiment impérissable du droit dans tous les cœurs, ce qui conduit à la négation de tout culte extérieur ;

Enfin, congédier les mangeurs de budgets, les charlatans politiques qui depuis les premiers temps de l'histoire font la même roue et les mêmes professions de foi devant les peuples mystifiés ; réaliser la suppression du gouvernement par l'élection de simples administrateurs, de délégués révocables et responsables, chargés de rendre au peuple sa liberté et sa force :

Telle est, en quelques mots, la synthèse de l'œuvre proudhonienne.

D'accord avec Proudhon sur les deux premiers points, nous ferons quelques restrictions sur le troisième, quoique nous ayons une répulsion peut-être supérieure à la sienne des mystificateurs politiques, si nombreux dans notre malheureux pays. Mais sans la politique, qui est le dynamisme du progrès, de l'idée en voie d'incarnation humaine, comment réalisera-t-on la théorie, comment atteindra-t-on le but, à moins qu'on n'y soit porté tout d'un coup? L'*anarchie*, ou l'absence de direction gouvernementale, suppose une société arrivée à son dernier degré de perfection, tandis que la philosophie de l'histoire nous démontre que l'humanité marche par petites étapes.

Mais Proudhon se portait du premier élan dans l'absolu des conceptions sociales. Il cherchait toujours, avec son esprit profond et ses yeux de lynx qui voyaient trop loin (en politique il faut être un peu myope), l'origine et le but d'une révolution, d'une agitation nationale. Proudhon demandait à toute révolution la synthèse qu'elle portait dans ses flancs et qu'elle voulait mettre au monde. C'est ce qui explique son peu d'enthousiasme

pour l'insurrection de la catholique Pologne,
qui à ses yeux avait le tort d'avoir été pro-
voquée par l'aristocratie polonaise au mo-
ment où l'empereur de Russie allait affran-
chir les serfs et les paysans, et pour l'unité
italienne, devant, selon lui, correspondre in-
failliblement à une unité despotique, à un
vaste empire, à une grande monarchie italienne. Proudhon ne voulait pas voir que les
aristocraties révoltées ont toujours amené le
triomphe de la démocratie, et que l'unité
révolutionnaire est une phase nécessaire pour
arriver à l'émancipation complète du citoyen,
au *fédéralisme*. Mais, de bonne foi, n'était-
il pas un peu payé pour se défier de ces
braves politiques qui en 1848 lui avaient
joué tant de tours pendables et savaient si
bien faire battre le rappel contre les idées sociales ? Convenons-en, et exprimons le vœu
que la politique, *ce moyen*, et la réforme
sociale ou le socialisme, *ce but*, que ces
deux moitiés en délicatesse se réconcilient

patriotiquement et fassent désormais bon ménage !

La grande pensée qui domine les ouvrages de Proudhon, c'est la recherche de la loi, de l'agent de force, de production et d'équilibre des sociétés. Armé de ce grand critérium, il domine tous les hommes de notre siècle. Tandis que des martyrs, des apôtres comme Pierre Leroux, comme Armand Barbès, comme Louis Blanc, tandis que les saint-simoniens, presque tous les socialistes, à l'exception des disciples d'Auguste Comte, dont la méthode se rapprochait beaucoup de celle de Proudhon, cherchaient le principe de renouvellement et de progrès dans une transformation, dans une idéalisation du christianisme, Proudhon, au contraire, procédait par négation absolue ; et il avait raison contre les néo-chrétiens.

Sur le tronc pourri de vieilles puissances en décomposition naissent des pousses honteuses qui cherchent à faire renaître l'arbre ou à masquer la décrépitude de sa séve. Eh bien, Proudhon, après avoir coupé les racines de l'arbre, en a repoussé les branches mortes ; il a jeté son ironie destructive au christianisme philosophique de Lamennais et des socialistes, à la politique libérale des doctrinaires, à l'économie de conciliation de Frédéric Bastiat. Il n'a pas voulu de la queue des mauvais principes. Les faits sont avec lui. A quoi ont abouti les affirmations des saint-simoniens, des libéraux, des fouriéristes, des économistes doctrinaires, sinon à l'impuissance et au chaos, ou à d'implacables réactions? Où sont allés tant de dévouements, tant de théories de conciliation, tant d'essais de recomposition? A l'oubli et au néant.

Les sentiments de dévouement, les forces morales qui ne se mettent pas en accord complet avec les principes rénovateurs, avec le radicalisme, avec la justice, avec la norme des sociétés, sont impuissants à empêcher leur décadence.

Le grand Lamennais, qui a élevé un christianisme rationaliste et révolutionnaire sur les ruines du catholicisme, n'a pas arrêté d'une seconde la décomposition et la démoralisation sociales de nos dernières années. Il est mort plein d'amertume, renié par ceux qui auraient dû l'adorer, car il fit pour le christianisme ce que les Alexandrins et Julien avaient fait pour le paganisme expirant, il lui donna son génie philosophique, sa puissance d'interprétation, son grand cœur et son éloquence biblique.

Eh bien, cet affirmateur du principe chrétien est mort en voyant la stérilité de ses sublimes efforts pour empêcher la société de rouler aux abîmes ; il est mort en reniant le christianisme, en maudissant les puissances religieuses et politiques de son temps. Avant d'expirer, l'auteur des *Paroles d'un croyant*, l'ancien prêtre qui avait failli être cardinal et avait défendu le jésuitisme, écrivit la page qui suit :

« Je veux être enterré *au milieu des pau-*
vres et comme le sont les pauvres. On ne met-
tra rien sur ma tombe, pas même une simple
pierre. Mon corps sera porté directement au
cimetière, *sans être présenté à aucune église.*
On n'enverra point de lettres de faire part.
Je défends très-expressément qu'on mette les
scellés chez moi. »

Nous ne connaissons pas de mort aussi
belle que celle de Lamennais, qui couronna
une vie sublime en refusant l'eau bénite et
en demandant à être jeté dans la fosse commune, avec les pauvres.

Aussi grand que Lamennais, Proudhon re-
fusa de recevoir le curé de Passy, et dit à sa
femme: « C'est à toi seule que je demande-
rai l'absolution. »

Quel admirable accord entre ces grands
hommes à leurs derniers moments ! Mais
combien leur vie de penseur avait été diffé-
rente !

Lamennais, parti du catholicisme, du principe d'autorité religieuse, avait rejeté cette idée pour passer avec armes et bagages au progrès. Mais il n'avait pas dépouillé entièrement le vieil homme ; il avait gardé dans sa besace de pèlerin en quête de grandes aspirations, de grandes vérités, le christianisme primitif, c'est-à-dire la révélation divine, c'est-à-dire l'autorité religieuse réglée par l'intelligence et tempérée par le dévouement.

Proudhon, lui, était entré dès la première heure dans la lice en hardi négateur de la révélation, de l'autorité religieuse et temporelle.

Aujourd'hui que ces deux grands hommes se sont réconciliés et embrassés par-delà la tombe, nous pouvons dire hardiment que Proudhon l'emporte sur Lamennais, car c'est dans son sens que se développeront les sociétés de l'avenir, en ne demandant leur force morale qu'aux libres concepts de la raison et aux prescriptions de la conscience, et non dans le sens de l'affirmation autoritaire, qui dure depuis quelque six mille ans. Pensez-vous que l'étape soit assez longue?

La vie des honnêtes gens se raconte en quelques lignes. Les avaleurs de sabres et les pourfendeurs de peuples ont seuls des droits à de longues odyssées. Notre frère en maçonnerie M. Massol a résumé en trois mots la vie du célèbre publiciste : « Il est né prolétaire, il a vécu prolétaire, il est mort prolétaire. Nous avons dû nous cotiser pour lui procurer sa tombe. »

Voilà comment les nôtres meurent, voilà ce que l'on gagne à instruire, à aimer et à défendre le peuple, si souriant à ses ennemis, si docile à ses tyrans, mais en revanche si souvent amer, oublieux et ingrat pour les siens.

« La seule part que son temps ait faite à P. J. Proudhon, auteur de vingt volumes, a dit M. de Girardin dans *la Presse,* ce sont deux condamnations à trois années de prison chacune, la première en 1849, sous la république, et la seconde en 1858, sous l'empire. »

La prison et l'exil pour Proudhon, la prison et la fosse commune pour Lamennais, voilà la récompense et la fin des libres penseurs, des grands hommes du dix-neuvième siècle !

II

Pierre-Joseph Proudhon, qui est mort à Passy, Grande-Rue, n° 10, le 19 janvier 1865, à deux heures du matin, d'une hypertrophie du cœur, était né le 15 juillet 1809 à Besançon, dans l'atelier d'un pauvre tonnelier. Pierre-Joseph se fit ouvrier typographe et se sentit porté très-jeune vers l'étude des lettres.

Proudhon débuta par des travaux sur la Bible et sur les éléments primitifs des langues. Une pension de 1,200 francs, décernée en 1840, par l'académie de Besançon, à son *Essai de grammaire générale*, lui permit de venir à Paris et de publier le premier livre qui fit le plus de bruit autour de son nom :

Qu'est-ce que la propriété ? avec cette épigraphe : *La propriété, c'est le vol.* Cette publication hardie suscita à son apparition un *tolle* presque universel. Cependant Proudhon se borne à flétrir l'exploitation, l'intérêt usuraire, la constitution de la fausse propriété, pour donner plus de valeur et d'éclat à celle qui vient directement du travail, de l'activité humaine. Le jury de la cour d'assises de la Seine, qui l'acquitta en janvier 1842, dut comprendre ainsi la question traitée dans son mémoire incriminé : *Avertissement aux propriétaires.*

Deux autres livres : *De la création dans l'ordre de l'humanité*, publié en 1843, et le *Système des contradictions économiques* (1846) révélèrent au public la justesse et la force des idées de Proudhon. Lorsqu'*éclata* la révolution de 1848, il était prêt, et les éloquentes pages de ses livres furent traitées en articles de journaux dans *le Peuple* et *la Voix du peuple*, dont je compte à honneur d'avoir été le collaborateur. Nul ne se montra alors plus intelligent, plus laborieux, plus désintéressé, plus sincère que Proudhon ; jamais journaliste ne trouva une forme plus vive, plus féconde, plus propre à faire pénétrer la lumière dans les rangs du peuple ; aussi, aux élections complémentaires de juin, Proudhon était-il nommé représentant par 77,094 voix. Ses théories furent fort mal accueillies à l'Assemblée constituante ; Greppo se leva seul pour appuyer sa proposition sur la réforme de l'impôt.

Loin de se décourager, Proudhon passa à l'application immédiate de son principe. Par la fondation de la Banque du peuple, il portait un coup mortel au prêt usuraire ; il créait le crédit gratuit, et ranimait la vie commerciale et industrielle qui faisait défaut aux jours agités de la république. Mais les événements politiques renversèrent toutes les tentatives du grand réformateur, cherchant à donner une assiette équitable et solide à la société en fusion.

La Voix du peuple fut saisie seize ou dix-huit fois sous ses courageux gérants Duchêne et Vasbenter ; on compta les années de prison par cinquantaine, et les amendes par 100,000 fr. Jamais on ne vit plus d'énergie féconde et moins d'ambition personnelle dans la presse démocratique. Enfin Proudhon, ses rédacteurs et ses gérants emprisonnés, le combat cessa faute de combattants.

Prisonnier à Sainte-Pélagie, Proudhon se maria avec une femme dévouée, qui accepta héroïquement la moitié de la lutte dans sa vie tourmentée. Elle reste aujourd'hui avec deux enfants orphelins. Il écrivit en prison plusieurs ouvrages, tels que les *Confessions d'un révolutionnaire*. Après sa sortie de prison, il publia le *Manuel du spéculateur de la Bourse*, la *Révolution sociale démontrée par le coup d'État*, puis un livre capital : *De la Justice dans la Révolution et dans l'Eglise*, nouveaux principes de philosophie pratique. Cet important ouvrage fut saisi, et Proudhon, condamné à trois années de prison et 4,000 fr. d'amende, se réfugia en Belgique, d'où il revint en 1862. Depuis cette époque, il avait publié la *Théorie de l'impôt*, *la Guerre et la paix*, une satire de la politique de notre temps, sous le titre *Du Principe Fédératif et de la nécessité de constituer le parti de la Révolution*, et beaucoup de brochures.

Entre autres manuscrits que Proudhon a laissés, on parle beaucoup du plus important, qui est sous presse : *De la Capacité politique des classes ouvrières.*

Nul doute que ce grand penseur n'ait saisi la dernière occasion de dire de salutaires et rudes vérités au peuple, comme il en a toujours dit à tout le monde ; car c'est là le grief qui revient toujours contre Proudhon. Il a fait du tort à la démocratie ! répètent quelques hommes simples qui ne voient pas au fond des choses. En principe, on ne peut pas faire de tort à l'être éternel qui s'appelle la démocratie. Mais en admettant que les appréciations politiques de Proudhon aient pu lui nuire momentanément, en revanche ses idées lui assurent un triomphe prochain. La démocratie n'a rien à craindre de la discussion, de la libre pensée, du choc des opinions; elle est l'avenir qui raille le présent; elle est la vérité qui brave tous les sophismes; elle n'a à redouter que les imbéciles et les traîtres, les hommes vides et les faux démocrates; et Proudhon ne se trouvait pas dans ces deux catégories.

D'ailleurs, si l'auteur des *Contradictions économiques* a vertement crossé ses adversaires, aucun publiciste n'a été plus attaqué et plus raillé que lui. Les théâtres, les lettres, les arts, jusqu'à la caricature, ont satirisé, à leur honte, Proudhon de toutes les manières et sur tous les tons. Ils en ont fait une sorte d'Erostrate, un hargneux Aristophane, un pamphlétaire au cœur sec. Rien de plus faux que cette fausse réputation. Proudhon était l'homme le plus débonnaire, le plus simple, le plus désintéressé de toute ambition personnelle, le plus disposé à entendre la raillerie, à soutenir les assauts d'une rude franchise dans le cercle modeste où il avait confiné son existence d'abnégation et d'étude. Il n'a pas toujours été juste dans sa tactique et dans ses appréciations politiques; il a eu une polémique violente. Mais on ne corrige pas, on ne redresse pas une nation en la flattant. Rousseau a été aussi virulent que Proudhon, et cependant il n'a pas fait une œuvre plus féconde.

Mais pourquoi Proudhon, si dépourvu de haine et d'ambition, a-t-il excité tant de haines, a-t-il ameuté tant de loups, de singes et de chacals, étonnés, scandalisés de la fière allure du lion?

Pourquoi cet homme si simple dans sa vie, si pauvre volontairement, si content du rien qu'il possédait, si fort de sa conscience et de sa raison, dédaigneux de tout ce qui était puissance, faste, richesses, s'est-il vu qualifier d'Erostrate social ? Pourquoi l'a-t-on accusé de vouloir ruiner la société et la propriété à son profit ; de chercher à se faire un piédestal des débris des institutions ? Pourquoi ? un mot fera la lumière sur ce point obscur.

Proudhon n'a pas eu le vice originel du dix-neuvième siècle ; il n'a pas été caméléon politique ; il n'a pas voulu donner sa voix au concert de mystification universelle dirigé par le charlatanisme de notre temps ; on l'en a puni dans ces dernières années en organisant la conspiration du silence autour de lui, en l'enterrant vivant et éloquent.

Mais Proudhon n'a pas bronché. Il a dit : *Moi seul, et c'est assez !* En effet, il a fait assez pour qu'il vive éternellement dans la mémoire du peuple, qu'il a constamment servi, qu'il n'a jamais trompé ni mystifié, tandis que ses adversaires, catafalques vivants, sont déjà morts. Proudhon a disparu, mais les partisans de ses idées sociales, — je ne dis pas de ses jugements politiques, — se comptent aujourd'hui en France et en Europe par millions !

Un touchant incident qui s'est passé dans la chambre mortuaire de Proudhon, et que j'ai appris par M. Amédée Langlois, l'un des plus intelligents et des plus fermes disciples du grand penseur, donnera une idée de l'enthousiasme que les théories proudhoniennes excitent en Europe.

Deux étrangers, un Hongrois et un Allemand, pénètrent chez Proudhon le jour de l'enterrement. Ils disent qu'ils ont fait cinq cents lieues pour le voir une dernière fois. Le cercueil était fermé, on le dévisse ; les étrangers contemplent quelques moments la figure du mort, s'agenouillent, l'embrassent en versant des larmes, et l'un d'eux, l'Allemand, s'écrie :

« O Proudhon ! tu as trouvé le salut de

l'humanité ; elle ne le sait pas, mais elle le saura, car cela est. »

Oui, le proudhonien allemand a raison. Un jour, les peuples, délivrés de la superstition, de la misère et de l'oppression qui les étreignent et les accablent aujourd'hui, s'écrieront dans un élan de reconnaissance :

« Proudhon est mort, vive notre libérateur, VIVE PROUDHON ! »

Benjamin GASTINEAU.

Paris, le 22 janvier 1865.

III

Voici les trois chaleureuses et éloquentes allocutions prononcées devant une foule recueillie, au cimetière de Passy, le 20 janvier :

DISCOURS DE M. MASSOL

Prononcé au nom de la Maçonnerie française.

« Proudhon !

« Au nom de la maçonnerie, dont tu fus un des membres, je viens te donner un dernier témoignage d'estime et d'affection.

« Mes frères et messieurs,

« L'homme qui repose dans cette tombe fut grand par l'esprit ; tout le monde a pu, dans ses écrits, apprécier la hauteur de son

intelligence et la puissance de cette dialectique qui a broyé tant de préjugés.

« Quelques-uns seulement, ceux-là mêmes
qui ont vécu dans son intimité, savent combien, sous la rude écorce d'un fils d'ouvrier
franc-comtois, il y avait d'indulgence pour
les autres et de bonté réelle.

« Mais ce qui caractérise Proudhon, ce qui
fait son originalité, son trait distinctif, c'est
la solidité de sa conscience.

« Jamais elle ne broncha ; devant bien des
tentations il est toujours resté pur. Il a gagné
sa vie à la sueur de chaque jour.

« Prolétaire il est né, prolétaire il a vécu,
prolétaire il est mort ; c'est-à-dire qu'il a
toujours été pauvre, si pauvre que nous avons
été obligés de nous cotiser pour lui procurer cette tombe.

« Il n'eut qu'une véritable passion, la
passion du droit et de la justice. Il en avait
toutes les délicatesses.

« Il est un de ceux qui ont le plus travaillé

à l'édification de l'œuvre capitale de ce siècle : la fondation de la morale en dehors de
toute superstition. Sa vie tout entière fut un
corollaire à cette morale qu'il entrevoyait
comme la véritable souveraine de l'avenir;
nul plus que lui n'eut le sentiment de la di-
gnité de l'homme, nul plus que lui ne pro-
clama le respect de la personne humaine,
nul plus que lui ne grava dans les âmes, en
la rajeunissant, notre sainte devise : Liberté,
Egalité, Fraternité ! »

DISCOURS DE M. LANGLOIS

Rédacteur du Peuple, de Proudhon.

« O Proudhon ! tu as fait toi-même ton
oraison funèbre. Par ma bouche, tu n'en au-
ras pas d'autre sur ta tombe.

« O Proudhon ! toi dont le caractère ne faisait qu'un avec ta conscience morale, toi dont la liberté ne faisait qu'une avec la raison de justice et d'équité ! toi qui n'as été grand par la pensée et par le style que par l'incomparable grandeur de ton caractère ! toi dont la science et la conscience étaient une seule et même chose ! toi dont le style n'était que l'expansion du cœur ! toi qui as écrit en 1846 : « Travailler, c'est mourir ; travailler « pour les autres, c'est mourir pour les au- « tres ! » toi qui as tant travaillé pour l'humanité ! toi qui as surtout tant travaillé pour les déshérités, tes frères !

« Toi qui es né pauvre, qui as vécu pauvre et qui es mort pauvre ; — toi qui, oublieux de la mort qui devait t'enlever trop tôt, donnais il y a quelque temps le peu que tu avais à d'autres pauvres ; — toi qui me disais il y a quelques jours, en songeant sans doute à cet excès de ton grand cœur : « Ah ! Lan- « glois, nous ne savons pas jusqu'où s'éten-

« dent nos devoirs... mais il est si doux de
« se dévouer pour les autres...; » — toi dont
nous avons le devoir d'adopter la femme et
les enfants : ta femme si dévouée pour toi,
tes enfants, dans lesquels tu revis.

« Toi, le soldat de la justice et du droit;
— toi, qui es mort usé par la lutte, — toi,
dont le corps a été vaincu, mais dont l'idée
est immortelle, tu devais mourir en brave!

« O mort! disais-tu dans ton beau livre
De la Justice, ô mort! sœur aînée des
amours, toujours vierge et toujours féconde,
toi que j'ai reconnue dans le premier soupir
de ma jeunesse, toi que j'ai ressentie à chaque élan de mon civique enthousiasme, à qui
je puis offrir déjà trente années et plus de
labeur, douce et heureuse mort, pourrais-tu
m'effrayer? N'est-ce pas toi que j'adore dans
l'amour et l'amitié? toi que je médite dans la
vérité éternelle? toi que je cultive dans cette
nature dont la communion étouffe en mon
cœur jusqu'au sentiment de ma pauvreté?

toi, enfin, à qui j'ai élevé un temple en mon âme, et que je ne cesse d'invoquer, ô souveraine justice !

« Si tu viens aujourd'hui, je suis prêt. J'aime les miens et j'en suis aimé ; j'ai bien combattu, *bonum certamen certavi* ; si j'ai commis des fautes, du moins je n'ai point désespéré de la vertu, et je me suis relevé toujours. J'ai commencé mon testament, que d'autres achèveront, et j'ai la ferme confiance que quiconque l'aura lu comprendra cette forte parole, qu'il n'est pas de servitude pour celui qui a *fait un pacte avec la mort.* Si tu ne viens que demain, je serai encore mieux préparé ; j'aurai fait davantage, je t'embrasserai avec une effusion plus ardente d'un degré. Si tu tardes dix ans, je partirai comme pour le triomphe ! »

DISCOURS DE M. CHAUDEY

**Compatriote et Défenseur de Proudhon
dans son dernier procès.**

« L'homme que nous venons d'accompa-
gner à sa dernière demeure est peut-être, de
tous les contemporains, celui qui a le moins
besoin qu'on parle de lui sur sa tombe. Il
laisse une renommée qui saura se défendre
elle-même et des œuvres qui suffiront à con-
sacrer sa mémoire. On peut s'en rapporter
au temps du soin d'honorer son talent et son
caractère autant que ses meilleurs amis le
peuvent désirer. Au champion de la justice,
il sera fait justice.

« Déjà les organes de toutes les opinions

s'accordent aujourd'hui pour lui rendre l'hommage qui est dû à l'honnête homme, et auquel il aurait été le plus sensible....

« Nous, qui avons été ses amis, nous n'avons à exprimer ici que nos regrets et nos adieux. Notre douleur est profonde! Tous ceux qui ont connu Proudhon, tous ceux qui ont été dans l'intimité de sa pensée et de ses sentiments, ne peuvent manquer de la partager.

« Proudhon a beaucoup aimé le peuple sans le flatter jamais. Sa dernière œuvre, son dernier livre qui est sous presse, et qu'il n'aura pas eu la joie de voir publier, avait encore pour objet d'enseigner au peuple de sévères et puissantes vérités. Le peuple lui a rendu sa sympathie et la lui rendra bien plus encore dans l'avenir.

« Ce grand penseur, si souvent méconnu et si souvent attaqué de son vivant, sera aimé de la postérité.

« Ayons cette confiance comme, dans son

fier désintéressement, il l'avait lui-même, et nous, ses amis, gardons à son souvenir l'affection que nous avons eue pour sa personne, et reportons sur sa femme et ses enfants l'amitié qu'il nous inspirait.

« Adieu, Proudhon ! adieu, excellent ami ! Nous resterons fidèles à ta grande mémoire et à tes grands enseignements !... »

FIN.

724 — Paris, impr. Jouaust, rue Saint-Honoré, 338.

724 — Paris, imprimerie Jouaust, rue Saint-Honoré, 338.

www.ingramcontent.com/pod-product-compliance
Lightning Source LLC
Chambersburg PA
CBHW061442050726
47593CB00004B/1427